4 Yth 3725

Paris
1844

Goethe, Johann Wolfgang ; Duveyrier
Anne-Honoré-Joseph dit Mélesville ; Scribe

Rodolphe ou frère et soeur

Drame en 1 acte d'après Goethe

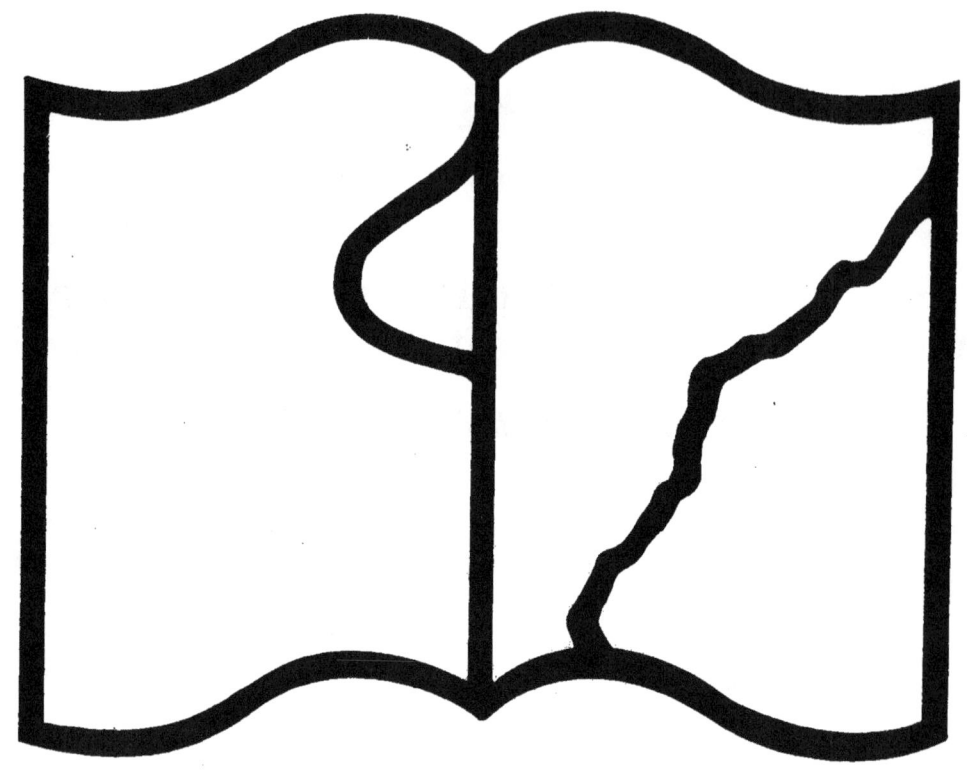

**Symbole applicable
pour tout, ou partie
des documents microfilmés**

Texte détérioré — reliure défectueuse

NF Z 43-120-11

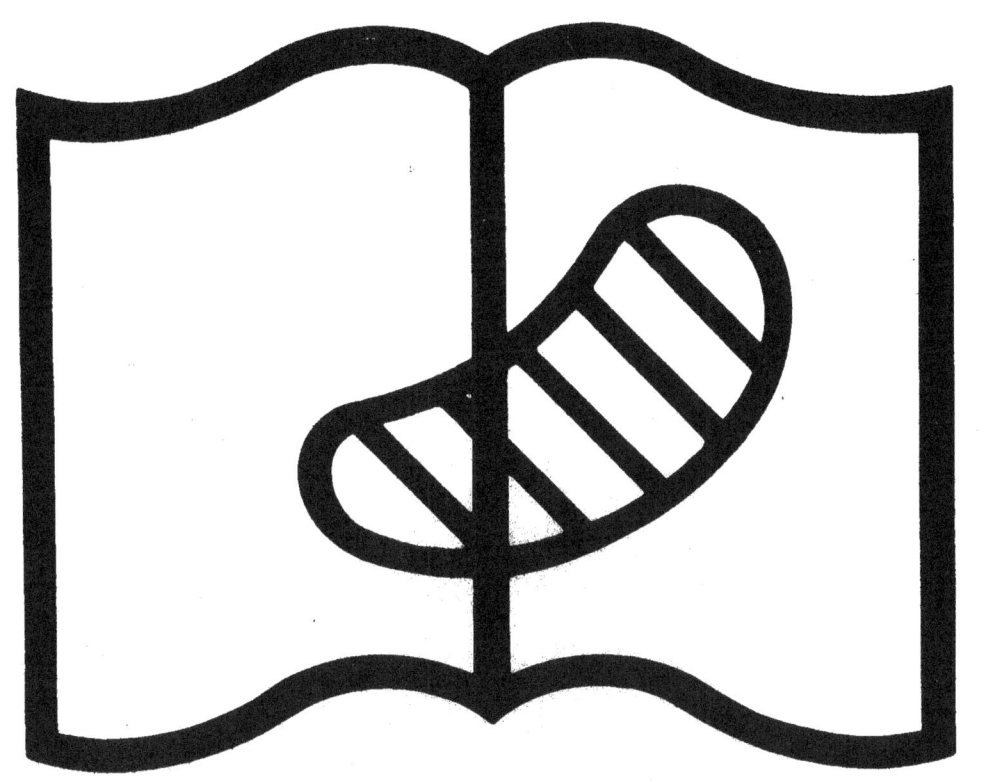

Symbole applicable
pour tout, ou partie
des documents microfilmés

Original illisible

NF Z 43-120-10

EN VENTE : CATHERINE II, tragédie en cinq actes, par M. Hippolyte Romand.
TOUT POUR DE L'OR, drame en cinq actes, dont un prologue, par MM. Dumaur et Leguillon.

LA FRANCE
DRAMATIQUE
AU DIX-NEUVIÈME SIÈCLE,

Choix de Pièces Modernes.

Gymnase-Dramatique

RODOLPHE.

DRAME EN UN ACTE.

C. T.

900—901.

PARIS.
C. TRESSE, ÉDITEUR,
ACQUÉREUR DES FONDS DE J.-N. BARBA ET V. BEZOU,
SEUL PROPRIÉTAIRE DE LA FRANCE DRAMATIQUE.
PALAIS-ROYAL, GALERIE DE CHARTRES, Nos 2 ET 3,
Derrière le Théâtre-Français.

1844.

RODOLPHE
ou
FRÈRE ET SOEUR,
DRAME EN UN ACTE,

PAR MM. SCRIBE ET MÉLESVILLE, (Ch.-H.-J. Duveyrier,)

Représenté pour la première fois, à Paris, sur le théâtre du Gymnase-Dramatique,
le 20 novembre 1823.

Personnages.	Acteurs.
RODOLPHE, ancien marin, négociant	MM. GONTIER.
ANTOINE, son associé	NUMA.
THÉRÈSE, sœur de Rodolphe	Mme THÉODORE.
LOUISE, sœur d'Antoine	Mlle DÉJAZET.

La scène se passe à Dantzick.

Le théâtre représente un salon. — Porte au fond. — Deux portes latérales. — Sur le devant, à la droite du spectateur, une table de bureau, chargée de cartons et de papiers. — Plus loin, du même côté, un secrétaire.

SCÈNE I.

RODOLPHE seul, assis devant une table, et tenant une lettre à la main.

« Ma sœur !... Il me demande ma sœur en mariage!... le moyen de refuser un aussi riche parti!... Moi, Rodolphe, capitaine corsaire, et rien de plus... D'un autre côté... je ne peux pas me jouer d'un galant homme... il faut donc lui avouer la vérité... Morbleu! (Il se lève.) le jour où j'ai enlevé à l'abordage le pavillon ennemi... j'ai eu moins de peine qu'aujourd'hui en composant cette épître... (Il lit.) « Monsieur... vous m'offrez votre » fortune et votre main, pour ma sœur Thérèse... » ce n'est pas à moi qu'il faut vous adresser pour » cela, car Thérèse ne m'appartient pas... Thé » rèse n'est pas ma sœur... C'est un secret, que » ni elle, ni personne au monde ne soupçonnait » jusqu'ici ; mais la démarche que vous faites au- » jourd'hui me force, pour la première fois, à » rompre le silence, et à vous confier les princi- » paux événemens de ma vie. » (S'interrompant.) Oui, je le dois, ne fût-ce que pour Thérèse. (Continuant.) « Il y a quatorze ans, j'en avais seize » alors, j'étais simple matelot, et le plus mauvais » sujet, peut-être, de toute la marine... Mal vu » par mes chefs à cause de mon indiscipline... » redouté de mes camarades, avec qui je me bat- » tais à chaque instant. j'allais, sans doute, être » mis à l'écart, lorsqu'un jour nous abordons des » flibustiers chargés de riches dépouilles; le com- » bat fut long et terrible... La victoire nous resta... » et tandis que mes camarades couraient au pil- » lage, j'aperçois une femme mourante, tenant » dans ses bras une petite fille de trois ou quatre » ans. — Qui êtes-vous? me dit-elle d'une voix » faible. — Rodolphe, un simple matelot. — Ro- » dolphe, je vous donne ma fille, cette pauvre or- » pheline... que ce soit votre part du butin..... » Soyez son protecteur... son frère... et n'oubliez » pas qu'un jour je vous en demanderai compte... » (S'interrompant.) Oui... je la vois encore... J'ignore ce qui se passa en moi... mais cette mère expirante qui me léguait sa fille, et qui, de là-haut, sans doute, allait toujours veiller sur mes actions... cette idée seule changea tout mon être, toutes mes habitudes... Plus de vin, plus d'indiscipline, plus de querelles... je devins le meilleur sujet de l'équipage... et maintenant encore... n'est-ce pas à son souvenir que je dois mon état... mon bien-être... ma fortune?... Eh bien! où en étais-je donc? (Reprenant la lettre et lisant.) « J'acceptai la » succession... Je débarquai, tenant dans mes bras » ma petite Thérèse, que j'appelai ma sœur... et » pendant dix années, tout ce que je gagnai dans » mes courses sur mer, fut consacré à son éducation et à son établissement... Elle avait quatorze ans, et moi vingt-six, quand nous vînmes » nous fixer ici, à Dantzick, auprès du brave Antoine, mon associé. » (S'interrompant.) Ah! je le sens bien... c'était alors que j'aurais dû apprendre à nos amis, et à Thérèse elle-même, qu'elle n'était pas ma sœur... mais il m'en coûtait de renoncer à ce nom... et puis il aurait peut-être fallu la quitter... nous séparer... et cela m'était déjà impossible... j'avais pris l'habitude de l'avoir près de moi... Enfin, ses soins et son affection étaient nécessaires à mon bonheur... qu'ai-je fait?... et qu'en est-il arrivé?... que Thérèse n'a jamais vu en moi que son frère... et n'aura jamais qu'une amitié de sœur... tandis que moi, je l'aime comme un insensé... comme un furieux... la vue d'un amoureux me met au supplice... et bien, quand j'ai reçu cette lettre, où ce jeune officier me demandait ma sœur en mariage... j'ai sauté sur mes pistolets... pour aller lui en demander raison... Il faut prendre un parti... (Lisant tout bas.) Oui... je lui dis la toute la vérité... et tantôt, quand nous serons seuls, quand tous les ouvriers seront partis... je ferai le même aveu à Thérèse... Il est vrai que tous les jours je forme ce projet, et que je n'ai pas encore pu l'exécuter... mais, aujourd'hui j'en aurai le courage... Ah! mon Dieu!... la voici.

SCÈNE II.

RODOLPHE, THÉRÈSE.

THÉRÈSE.
Mon frère!... mon frère!...

RODOLPHE, brusquement.
Qu'est-ce que c'est?... Tu viens encore me déranger.

THÉRÈSE.
Là!.. Ne vas-tu pas me gronder? je viens t'avertir que le déjeûner est prêt.

RODOLPHE, de même.
Je ne puis dans ce moment; je suis à travailler... mais, toi, rien ne t'empêche...

THÉRÈSE.
Non pas... j'aime bien mieux attendre... car je n'ai pas d'appétit quand nous ne déjeûnons pas ensemble.

RODOLPHE.
Vraiment... (S'adoucissant.) Je te demande pardon, Thérèse, de t'avoir brusquée tout à l'heure... j'étais occupé...

THÉRÈSE.
Oh! je le vois bien... et beaucoup... car vous n'avez seulement pas songé à m'embrasser.

RODOLPHE.
Tu crois?

THÉRÈSE.
Sans doute... (Tendant la joue.) Et puisque vous êtes pressé... dépêchez-vous... (Rodolphe l'embrasse.) Eh bien! ne semble-t-il pas qu'il me fait une grâce?...

RODOLPHE, vivement.
Moi!... oh! non, certainement... mais vois-tu, Thérèse...

THÉRÈSE, lui faisant signe de la main.
C'est bien... c'est bien, monsieur, que je ne vous dérange pas... à votre travail... Tiens, je m'en vais prendre le mien... et pendant que tu écriras... je broderai auprès de toi, sans faire de bruit... (Elle va chercher une chaise de l'autre côté du théâtre, et la place près de la table où Rodolphe est occupé à écrire.) De sorte que nous serons chacun à notre ouvrage, sans cesser d'être ensemble.

RODOLPHE, à part.
Et comment renoncer à ce bonheur... à cette douce intimité? (Se mettant à écrire sans la regarder.) Qu'est-ce que tu fais là?

THÉRÈSE.
Une cravate brodée pour toi... (Se levant et s'appuyant sur le dos du fauteuil de Rodolphe.) Et vous, monsieur... toujours dans vos livres à parties doubles... Voilà-t-il des colonnes de chiffres!

RODOLPHE.
Oui... j'établis mon compte, et celui de ce bon Antoine, mon associé.

THÉRÈSE.
Mon ami... sommes-nous bien riches?

RODOLPHE.
Juges-en toi-même... nous avons, pour notre part, plus de cent mille francs... moi qui, il y a quelques années, n'avais pas un sou vaillant... Et quand je pense que c'est à Antoine que je dois tout cela.

THÉRÈSE.
Il serait possible!

RODOLPHE.
C'est lui qui, dans l'origine, m'a prêté de l'argent... m'a associé à ses bénéfices... c'est lui qui, par ses soins et sa prudence, a doublé ici nos capitaux, tandis que je les exposais sur mer.

SCÈNE III.

THÉRÈSE.

Oui... tu as toujours été pour les entreprises et les aventures.

RODOLPHE.

Que trop! car il y a quelques années, j'avais voulu, contre ses avis, tenter, à moi seul, une expédition... qui avait complétement échoué,... j'étais ruiné... Antoine vint me trouver, m'apporta sa part... me força d'en prendre la moitié... il fallut bien accepter, quitte à lui rendre plus tard... et c'est ce que je fais aujourd'hui, à son insu... Mais excepté cela, tu sens bien que, depuis, je n'ai rien fait sans le consulter.

THÉRÈSE.

Et tu as bien raison !... Ce brave M. Antoine!... quel excellent cœur !... Depuis que je sais cela, je vais l'aimer encore plus qu'auparavant.

RODOLPHE.

Tu l'aimes donc beaucoup ?

THÉRÈSE.

Sans doute... et lui aussi... il me le dit du moins à chaque instant.

RODOLPHE, se levant.

Comment ! il te le dit ?... je ne m'en suis cependant pas aperçu.

THÉRÈSE.

Je crois bien; quand tu es ici, vous ne parlez que de commerce et de spéculations; mais quand nous sommes tous deux, ou avec Louise, sa sœur... il est si bon et si aimable!

RODOLPHE, à part.

Il se pourrait... lui, Antoine, mon ami! s'il est vrai...

THÉRÈSE.

Eh bien! qu'as-tu donc ?

RODOLPHE.

Rien... (A part.) Qu'allais-je faire ? soupçonner mon bienfaiteur... pauvre Antoine... qui n'a pour nous deux qu'une amitié de frère... il en est d'autres plus redoutables,... et cette lettre...

THÉRÈSE.

Rodolphe... d'où vient le trouble où je te vois... et quel est ce papier ?

RODOLPHE.

Il vous concerne autant que moi... c'est de M. Muller, ce jeune officier que plusieurs fois nous avons rencontré à la promenade.

THÉRÈSE.

Ah! mon Dieu, celui à qui tu as cherché querelle, et avec qui tu voulais te battre, parce que quelquefois il m'avait regardée.

RODOLPHE, avec amertume.

J'avais peut-être tort... voilà qu'aujourd'hui il vous demande en mariage.

THÉRÈSE, avec joie.

Moi !... en mariage !... quel bonheur !... je craignais que ce ne fût un cartel... Tu lui répondras, n'est-ce pas... et bien honnêtement.

RODOLPHE.

Que lui dirai-je ?

THÉRÈSE.

Qu'il nous fait bien de l'honneur... mais que je ne veux pas me marier... que je veux toujours rester avec toi.

RODOLPHE.

Il serait vrai!

THÉRÈSE.

Eh bien !... est-ce que cela t'étonne ?... Toi qui parles... n'as-tu pas déjà refusé plusieurs fois de riches partis ?... tu ne me l'as pas dit... mais je l'ai su .. Eh bien! je veux suivre ton exemple.... nous sommes si heureux !... pourquoi changer?... Un frère et une sœur qui s'aiment bien... il n'y a rien de plus doux au monde... Tous les ménages que je vois ont des querelles, des disputes... nous, jamais !... non... ce que veut l'un de nous est toujours ce que l'autre désire...de sorte qu'aucun n'obéit, et pourtant nous commandons tous deux.

RODOLPHE.

Oui... oui... Thérèse... tu as raison... je crois que je suis bien heureux.

THÉRÈSE, avec joie.

Oui... n'est-ce pas... je tiens bien ton ménage?... tu es content de moi ?

RODOLPHE.

Oui, Thérèse, oui, ma bonne sœur.

THÉRÈSE.

Dame! je mets le plus d'économie que je peux... mais c'est toi qui dépenses toujours... à chaque instant des robes nouvelles... des fichus que tu achètes pour moi... aussi, le dimanche, quand tu me donnes le bras, et que nous nous promenons ensemble... en passant près de nous, on dit souvent à voix basse : « Voilà un joli couple. » Je ne fais pas semblant de comprendre, mais cela me fait plaisir... et je te serre le bras pour te dire : *Entends-tu ?*

RODOLPHE.

Oui, morbleu, je n'entends que trop bien..... surtout quand il y a des jeunes gens comme M. Muller... Mais, n'en parlons plus... je vais lui envoyer ta réponse... et si tu savais combien elle m'a fait plaisir... si je te disais, Thérèse , pour quelle raison..... Hein! qui vient déjà nous déranger ?

THÉRÈSE.

C'est notre ami Antoine.

SCÈNE III.

LES MÊMES, ANTOINE.

ANTOINE.

Oui, mes amis, je viens de faire un tour sur le

port, et j'apporte de bonnes nouvelles... Rodolphe, le brick l'*Aventure* est en rade ; on l'a signalé ce matin.

RODOLPHE.

En vérité ?

ANTOINE.

Il y a là-dessus vingt mille francs de marchandises qui nous appartiennent... Hein ! mon garçon... encore quelques voyages comme celui-là... et nous pourrons expédier aussi des navires à notre compte... Quel plaisir ! quand nous entendrons dire sur le port : « A qui appartient ce brick... ou ce beau trois-mâts ? » et qu'on répondra : « C'est à la maison Antoine, Rodolphe et compagnie. »

RODOLPHE, en riant.

Voyez-vous l'ambition du commerce ?

ANTOINE.

Par exemple, il faudra chercher pour notre navire un beau nom... C'est mademoiselle Thérèse qui se chargera de le trouver.

THÉRÈSE.

C'est déjà fait... il s'appellera le brick *les Deux Amis !*

ANTOINE, attendri.

Les Deux Amis !... Oui, elle a raison... Il n'y a pas de plus beau nom que celui-là... C'est pourtant bien simple... eh bien ! il m'aurait fallu un mois pour le trouver... Ah ! ça, je ne te dérange pas ?

RODOLPHE.

Non, sans doute.

ANTOINE.

C'est que, me trouvant près de chez toi, je me suis dit : — Je vais lui faire une petite visite d'amitié... J'ai bien fait !... n'est-il pas vrai ?... (Lui donnant une poignée de main.) Tu ne sais pas ?... les cotons sont en baisse... les cafés se soutiennent, et on offre des colzas à vingt-cinq florins... Qu'est-ce que tu en penses ?

THÉRÈSE.

Il me semble, monsieur Antoine, que vos visites d'amitié ressemblent à des conférences de commerçans.

ANTOINE.

Non... ce que j'en dis, ce n'est pas pour affaires, c'est pour causer, et voilà tout... A propos, j'oubliais... Dites donc, mes amis, je marie ma sœur.

RODOLPHE.

Comment !

THÉRÈSE.

Et c'est aujourd'hui que vous nous l'apprenez ?

ANTOINE.

Eh ! parbleu, je ne le sais que d'hier... J'étais à faire une addition, et Louise travaillait auprès de moi.

THÉRÈSE, regardant Rodolphe.

Comme nous... ce matin...

ANTOINE.

Quand je m'aperçois qu'elle pleurait... « Louise, » que je lui dis, pourquoi que tu pleures pendant » que je travaille ?... ça me fait tromper. » Elle me répond : « Ce n'est pas ma faute... c'est que » Julien va partir. — Tu l'aimes donc ? — Eh ! » oui, sans doute. » Julien est un jeune homme, notre voisin, qui est commis chez un marchand. Je laisse là mon addition... je prends mon chapeau, et je vais à la boutique. « Julien, est-il » vrai que vous partez ? — Oui, monsieur. — Et » pourquoi ? — Pour faire fortune, et revenir ici » m'établir. — Et si je vous donne cinquante mille » francs ? — Je refuserai. — Et ma sœur par » dessus le marché ? — J'accepterai. » Et déjà il voulait se jeter à mes pieds... Je le reçois dans mes bras... je le mène dans ceux de ma sœur ; et, dans une demi-heure, tout a été arrangé. C'est aujourd'hui que nous signons le contrat, et que nous faisons le repas des fiançailles. Tu en seras, n'est-ce pas ? ainsi que vous, mademoiselle Thérèse ?

THÉRÈSE.

Oui, sans doute ; mais c'est chez nous qu'on dînera.

RODOLPHE.

Tu as raison... et tu nous commanderas un fameux dîner ; entends-tu, Thérèse ?

THÉRÈSE.

Sois tranquille.

ANTOINE.

Eh bien ! voilà des bêtises... et je ne le veux pas... Aller ainsi dépenser de l'argent pour rien !...

RODOLPHE.

Ça te convient bien de parler ; toi, qui viens de donner cinquante mille francs à ta sœur !

ANTOINE.

Quelle différence !... cela, c'est utile... et puis, s'il faut le dire... c'est à contre-cœur que je fais ce mariage ; car j'aurais voulu voir à ma sœur un autre époux que celui-là... quoiqu'il soit bien gentil.

THÉRÈSE.

Et qui donc ?

ANTOINE.

Eh ! parbleu... mon ami Rodolphe, ici présent... Moi, je n'y entends pas de finesse... j'ai fait tout ce que j'ai pu... pour que lui et ma sœur eussent à s'adorer. Ça n'a jamais pris... ça n'est pas de ma faute.

THÉRÈSE, émue.

Eh bien ! par exemple, de quoi vous mêlez-vous ? et pourquoi les forcer ?

ANTOINE.

Je ne les forçais pas... mais, enfin, si cela avait pu s'arranger...

THÉRÈSE, vivement.

Cela ne se pouvait pas... puisque Louise en aimait un autre... Vous auriez donc voulu la rendre malheureuse ?

ANTOINE.

Moi! la rendre malheureuse ?... (A Rodolphe.) Ah ça ! qu'est-ce qu'elle a donc, ta sœur ?... je ne l'ai jamais vue comme ça.

RODOLPHE, avec émotion.

Rien... c'est par amitié pour Louise, et par intérêt pour toi-même.

ANTOINE.

A la bonne heure... mais il ne faut pas me rudoyer pour ça... Je voulais que tu fusses mon frère... c'est manqué ; n'y pensons plus... (Regardant Thérèse.) Il y aura peut-être quelque autre moyen de s'entendre là-dessus.

THÉRÈSE, qui, pendant ce temps, a remonté le théâtre.

Eh ! c'est ma chère Louise !... c'est la nouvelle mariée !...

ooooooooooooooooooooooooooooooooooo ooooooooooo

SCÈNE IV.

LES MÊMES, LOUISE.

LOUISE.

Eh bien ! Antoine, qu'est-ce que tu fais donc ?... je t'ai cherché partout... Heureusement que, quand tu n'es pas à ton comptoir... tu es toujours ici... alors j'étais sûre de te trouver... Bonjour, monsieur Rodolphe !... Bonjour, Thérèse !... Vous savez, n'est-ce pas ?...

ANTOINE.

Oui... oui... n'en parlons plus... je leur ai tout dit.

LOUISE.

Tant pis... je leur aurais raconté... (A Antoine.) Mais tu es là à causer, et pendant ce temps-là, il se désespère peut-être.

ANTOINE.

Eh ! qui donc ?

LOUISE.

Julien... qui t'attend chez le notaire... le contrat ne se fera pas tout seul ; il faut encore convenir des articles ; mais, voilà comme tu es, dès qu'il ne s'agit plus de commerce...

ANTOINE.

Allons... ne vas-tu pas me faire aussi une scène ? Je me rends chez ton notaire... et, mieux que cela... je vais lui porter la dot.

LOUISE.

A la bonne heure... mais dépêche-toi... je me figure ce pauvre Julien...

ANTOINE.

N'est-il pas bien à plaindre! Voyons, Rodolphe, toi qui es notre caissier, donne-moi des fonds.

RODOLPHE.

Attends... je suis à toi... (Ouvrant un tiroir.) Mais auparavant, comme amis de la famille, permets-nous, à Thérèse et à moi, d'offrir notre cadeau à la mariée.

ANTOINE.

Là... encore des bêtises... Vois-tu, Rodolphe, je te l'ai dit cent fois... tu n'es plus né pour le commerce que...

LOUISE.

Dieu ! la belle chaîne d'or !

THÉRÈSE, bas à Rodolphe.

Ah ! que tu es aimable !

RODOLPHE, de même.

Ce n'est pas moi... c'est toi qui la lui donnes... car c'est pour Thérèse que je l'avais achetée.

(Il va se mettre à sa table et compte des billets.)

ANTOINE.

Je vous le demande... une chaîne d'or à une petite fille comme celle-là !... Qu'est-ce qu'il donnera donc à sa sœur, quand elle se mariera !... car voilà un bel exemple, mademoiselle Thérèse... j'espère que vous en profiterez.

LOUISE, mettant la chaîne à son cou.

Oui, oui, il faut vous marier .. c'est si gentil... Regardez donc comme ça brille... Et puis, quand vous voudrez, vous ne manquerez pas d'amoureux.

ANTOINE.

Pour ça, j'en réponds... car moi, qui vous parle... j'en connais plus d'un.

RODOLPHE, qui est à la table, et qui a donné plusieurs fois des marques d'impatience.

Viens donc au moins m'aider, je ne sais pas si j'ai là ton compte.

ANTOINE, sans le regarder.

Eh ! va toujours... je m'en rapporte à toi... (A Thérèse.) Et ceux dont je vous parle là, mademoiselle Thérèse, ce sont des gens qui vous recherchent pour vous... et non pour les écus de votre frère.

RODOLPHE.

C'est pour toi que je fais ce bordereau... si tu ne viens pas examiner...

ANTOINE.

J'y suis... j'y suis, mon ami : vingt... vingt-cinq... trente... voilà trente mille francs... (A Thérèse.) Vous penserez à ce que je vous ai dit, à vos moments perdus... à votre aise, parce que j'ai pour vous un jeune homme en vue.

LOUISE.

Je gage que je le connais.

ANTOINE.

Je te dis que non.

LOUISE.

Je te dis que si...

ANTOINE.
Et je te dis que non.
RODOLPHE, impatienté, les interrompant.
Ah ça! morbleu! finirez-vous?... Il me semble que quand il s'agit d'affaires... on doit être à ce que l'on fait.

ANTOINE.
Eh bien! qu'est-ce qu'il te prend donc?... j'y suis plus que toi... (Regardant le bordereau.) Quarante mille francs en effets... les voici. Plus, dix mille francs comptant.

RODOLPHE.
Ou c'est tout comme... un billet passé à mon ordre, que je dois toucher aujourd'hui chez Durand, négociant.

ANTOINE.
Eh bien! cours vite les chercher pendant que je vais arrêter les comptes... et signer le reçu.

RODOLPHE.
Ils ont un caissier qui va me tenir un quart d'heure.

LOUISE.
Encore des retards... raison de plus pour se presser. (Prenant le bras de Rodolphe.) J'y vais avec vous.

ANTOINE.
Eh bien!... allez vite... Allez donc...

LOUISE, en sortant.
Ne vous faites pas attendre... c'est pour midi.
(Elle sort avec Rodolphe.)

SCÈNE V.

ANTOINE, THÉRÈSE.

ANTOINE, les regardant sortir.
C'est ça... J'aime autant qu'ils s'en aillent... parce que, s'il faut vous le dire, mademoiselle Thérèse, je ne suis pas fâché de me trouver seul avec vous.

THÉRÈSE.
Et pourquoi?

ANTOINE.
Oh! pourquoi... Tenez, moi, j'ai un style de négociant, et, dans mes conversations comme dans mes lettres de commerce, je vais toujours droit au fait; voici donc l'affaire en question... Je suis le meilleur ami de votre frère... je suis son associé; tout entier à mon négoce, rien, jusqu'ici, n'avait manqué à mon bonheur... mais, depuis quelque temps, ça n'est plus ça, je ne suis plus heureux.

THÉRÈSE.
Vous, monsieur Antoine... il se pourrait?

ANTOINE.
J'étais bien sûr que ça vous ferait du chagrin... parce que vous êtes bonne... Oui, mademoiselle Thérèse, je trouve que ma maison est trop vaste... que mon comptoir est trop grand... Il y a toujours là, à côté de moi, quelque chose que je cherche et que je ne trouve pas... Enfin, ce qui me manque, c'est une bonne femme... et si vous le voulez, mademoiselle, nous arrangerons cette affaire-là... car c'est de vous que je suis amoureux!

THÉRÈSE.
O ciel!... je n'en reviens pas... m'avouer ainsi tout uniment...

ANTOINE, froidement.
Dame! je vous le dis comme ça est. J'ai trente-cinq ans, une jolie fortune, et une bonne réputation... Vous ne trouverez pas en moi un malin, mais un bon enfant... vous mènerez tout à votre gré, comme ici... comme chez votre frère... ou plutôt, puisque vous l'aimez autant que moi, nous ne nous quitterons pas, nous ferons ménage ensemble... Ce n'est pas quand je vais être heureux, que je veux qu'il cesse d'être mon associé.

THÉRÈSE.
Antoine, que de bonté! que de générosité!...

ANTOINE.
Du tout! ça ne me coûte rien; votre bonheur d'abord! et puis le mien après, si ça se peut... sans vous gêner...

THÉRÈSE.
Si vous saviez dans quel embarras je me trouve !... Je ne sais comment reconnaître, comment vous répondre... Pourquoi n'avez-vous pas parlé de cela à mon frère?

ANTOINE.
Je m'en serais bien gardé! Rodolphe est mon ami, mon débiteur, puisque j'ai été assez heureux pour lui rendre quelques services, et si je lui avais dit: « Frère, j'aime ta sœur, veux-tu me la donner? » il m'aurait répondu sur-le-champ, comme moi ce matin à Julien : « Tiens, la voilà, elle est à toi... » et peut-être, Thérèse, cela ne vous aurait-il pas convenu; parce qu'il peut y avoir des raisons... des causes que les frères ne connaissent pas... Par ainsi, je me suis dit: « Je vais d'abord en parler à Thérèse, et si elle y consent, le reste ne sera pas long... »

THÉRÈSE.
Peut-être vous trompez-vous; car si ma franchise doit égaler la vôtre, je vous avouerai que je n'ai pas l'idée de me marier.

ANTOINE.
Je comprends... vous en aimez un autre...

THÉRÈSE.
Non... et même, si j'avais un choix à faire, c'est vous, Antoine, que je préférerais.

ANTOINE.
Il serait possible!

THÉRÈSE.
Mais je vous l'ai dit, je ne vois en vous que

l'ami de mon frère... que le mien... je crains de vous fâcher en vous l'avouant, mais je n'ai point d'amour pour vous... je n'ai que mon amitié à vous offrir.

ANTOINE.

Dites-vous vrai ?... Eh bien ! morbleu ! c'est tout ce que je demande... et puis le reste viendra plus tard... Qu'un joli garçon soit exigeant, rien de mieux... mais moi, je suis encore trop heureux de ce que vous voulez bien m'accorder. (Lui baisant la main.) Oui, ma petite Thérèse, je vous jure que cet aveu-là suffit à mon bonheur... et que jamais...

SCÈNE VI.

LES MÊMES, RODOLPHE, qui est entré avant la fin de la scène.

RODOLPHE.
Qu'ai-je entendu !

THÉRÈSE.
Ah !... mon frère !...

ANTOINE.
Eh bien ! il arrive à propos, et il va être joliment content. (Allant à lui.) Viens donc, mon ami, si tu savais...

RODOLPHE, brusquement.
Laissez-moi...

ANTOINE.
Eh bien ! à qui en as-tu donc ? est-ce à moi que tu parles ?...

RODOLPHE.
A vous-même...

THÉRÈSE.
Mon frère...

RODOLPHE, avec emportement.
Taisez-vous, mêlez-vous de ce qui vous regarde.

ANTOINE.
Ah ! je vois ce que c'est... parce que toi, qui es sévère en diable, tu m'as vu lui baiser la main... mais sois tranquille, quand tu connaîtras mes intentions...

RODOLPHE.
Du tout, monsieur, du tout ! ce n'est pas cela. Ma sœur... ma sœur est sa maîtresse; qu'on lui fasse la cour, qu'elle prête l'oreille à tous les propos, cela m'est parfaitement indifférent...

THÉRÈSE.
Ah ! mon Dieu ! qu'est-ce qu'il a donc ?

RODOLPHE.
Ce qu'il m'importe ! c'est d'avoir un associé qui s'occupe de son état et qui songe à ses affaires. (S'approchant de la table.) J'en étais sûr, le compte n'est pas arrêté... le reçu n'est pas fait; vous aviez apparemment d'autres soins plus importans.

ANTOINE.
Que diable de querelle vient-il me chercher là ?... Que je le signe à présent ou dans une heure, qu'est-ce que cela fait ?...

RODOLPHE.
Cela fait.. cela fait... que chaque jour il en est ainsi, que toutes les affaires sont négligées... et pourquoi ? parce qu'au lieu de rester à son comptoir, monsieur est toute la journée hors de chez lui... et c'est sur moi seul que retombe tout le travail...

ANTOINE.
Eh mais !... au bout de dix ans, voilà la première fois qu'il s'en plaint !

RODOLPHE, éclatant.
Parce qu'il y a un terme à tout... parce que cela devient insupportable, et que je ne peux plus y tenir...

ANTOINE.
Ah ça ! morbleu ! tu le prends là sur un ton..

RODOLPHE.
J'en ai le droit... et s'il ne vous convient pas, il y a un moyen de nous mettre d'accord... Dans une heure, vous recevrez l'argent qui vous revient... celui que je vous dois... J'en ai fait le compte ce matin... et désormais nous ne travaillerons plus ensemble.

THÉRÈSE.
Rodolphe, qu'est-ce que tu dis là ?

ANTOINE, stupéfait.
Comment !

RODOLPHE.
Il faut que cela finisse; quand on ne s'entend plus, il est mieux de ne pas se voir.

ANTOINE.
Comment !... tu me chasses de chez toi !... tu te souviendras que c'est toi.

THÉRÈSE.
Antoine... Antoine... moi, je vous conjure de rester...

ANTOINE.
Non pas; je suis fier aussi, moi, et si jamais je remets les pieds ici...

RODOLPHE.
A la bonne heure.

ANTOINE.
Après un pareil traitement, il faudrait que je fusse bien lâche... (En sanglotant.) Ne crois pas que je le regrette, au moins.

RODOLPHE.
Et moi donc...

ANTOINE.
Un mauvais caractère...

RODOLPHE.
Un brouillon.

ANTOINE.
Un ingrat.

RODOLPHE.
Un fou.

ANTOINE.

Je trouverai dix amis qui vaudront mieux que toi.

RODOLPHE.

Eh bien, prends-les, et que je n'entende plus parler de toi...

ANTOINE, étouffant.

C'est dit; oui... oui, et je suis enchanté de ne plus te revoir. (A part, en s'en allant.) Ah ! mon Dieu... mon Dieu, j'étouffe... J'en mourrai... c'est sûr !

SCÈNE VII.

THÉRÈSE, RODOLPHE.

(Thérèse est assise dans un coin et pleure ; Rodolphe, sans la regarder, se promène avec agitation.)

RODOLPHE.

Comptez donc sur les amis !... ils profitent de votre confiance pour vous trahir... Moi, qui, tous les jours, les laissais ensemble... moi qui, ce matin encore... le vantais à Thérèse, tandis que depuis long-temps j'aurais dû me douter de ses projets ! (S'arrêtant devant Thérèse.) Eh bien ! vous pleurez, vous êtes désolée de son départ...

THÉRÈSE.

Oui, sans doute... mais plus encore d'avoir vu mon frère injuste et cruel... c'est la première fois...

RODOLPHE.

C'est votre faute..... pourquoi m'avez-vous trompé...

THÉRÈSE.

Moi !

RODOLPHE.

Oui, vous n'avez refusé ce matin M. Muller, ce jeune officier, que parce qu'en secret vous aimiez Antoine... non pas, comme je vous l'ai déjà dit, que vous ne soyez libre de l'épouser... ce n'est certainement pas moi qui vous en empêcherai... mais j'ai dû être blessé de votre manque de confiance.

THÉRÈSE.

Comment ! tu peux supposer que M. Antoine...

RODOLPHE.

Vous me ferez peut-être accroire que tantôt, ici, il ne vous a pas parlé d'amour.

THÉRÈSE.

Pourquoi le nierais-je? c'est la vérité...

RODOLPHE.

Vous voyez donc bien qu'il voulait vous séduire.

THÉRÈSE.

Il m'a offert son cœur, sa fortune et sa main.

RODOLPHE, à part.

Le perfide! (Haut.) Et je suis arrivé au moment où il vous remerciait.

THÉRÈSE.

Oui, il me remerciait de mon amitié, car c'est la seule chose que je lui aie accordée.

RODOLPHE.

Que dites-vous ? vous lui auriez répondu...

THÉRÈSE.

Que je l'acceptais pour ami et non pour époux.

RODOLPHE, confondu.

Quoi !...

THÉRÈSE.

J'ai ajouté ce que vous saviez déjà... que je ne voulais pas me marier... que je voulais toujours rester avec vous... Il est vrai qu'alors je vous croyais meilleur... je ne vous avais jamais vu aussi méchant qu'aujourd'hui...

RODOLPHE, à part.

Dieu ! qu'ai-je fait !... (Haut.) Oui, Thérèse, tu as raison, je suis un malheureux, je suis indigne de votre amitié à tous deux ! Pauvre Antoine, comme je l'ai traité ! lui, mon ami, mon bienfaiteur.

THÉRÈSE.

Tu as rompu avec lui.

RODOLPHE.

Est-ce possible?

THÉRÈSE.

Tu l'as chassé de chez toi.

RODOLPHE.

Oh ! non, non, pour cela je ne le crois pas.

THÉRÈSE.

Et le jour où sa sœur se marie, le jour où il devait venir dîner avec nous en famille...

RODOLPHE.

Je l'ai chassé... mon meilleur ami... mon frère... (A Thérèse.) J'étais donc bien en colère ?

THÉRÈSE.

Jamais je ne t'ai vu dans un état pareil... tes traits étaient renversés, ta physionomie n'était pas reconnaissable; bien certainement, Rodolphe, tu souffrais...

RODOLPHE.

Oui... j'éprouvais un mal affreux ; ma tête n'était plus à moi... mais cela va mieux, et si je revoyais Antoine, je serais tout à fait heureux. Dis-moi, Thérèse, crois-tu qu'il revienne !...

THÉRÈSE.

Non... il l'a juré... mais si tu allais chez lui, si tu lui tendais la main.

RODOLPHE.

Tu as raison... mais je n'ose pas; après ce qui s'est passé, j'aurais honte à paraître devant lui... du moins dans ce moment.

THÉRÈSE.

Eh bien ! j'irai...

RODOLPHE.

Ah ! que tu es bonne...

THÉRÈSE.

Je lui dirai : « Antoine... je viens de la part de

mon frère... embrassons-nous et que tout soit oublié... »

RODOLPHE.
Ah !... tu l'embrasseras ?... oui, oui, tu as raison... ou plutôt, si tu lui écrivais de venir te parler, et que ce fût ici que notre réconciliation eût lieu...

THÉRÈSE.
Comme tu voudras... j'écrirai.

RODOLPHE.
Adieu... Thérèse, adieu, ma sœur... j'ai besoin de prendre l'air, cette scène m'a bouleversé... je vais un moment sur le port... tu vas écrire, n'est-ce pas ?

THÉRÈSE.
Oui... Tu ne m'en veux donc pas ?

RODOLPHE, revenant et l'embrassant.
Moi, jamais... Adieu, adieu, Therèse...
(Il sort.)

SCÈNE VIII.

THÉRÈSE, seule.

Qu'a-t-il donc ? je ne l'ai jamais vu dans un pareil trouble, et moi-même... Je ne sais pourquoi... mais tout à l'heure, quand il m'a serrée dans ses bras, j'étais tout émue... mon cœur battait avec violence... par un mouvement involontaire, je me suis éloignée de lui : quoique heureuse... il me semblait que je faisais mal ! (En souriant.) Allons, suis-je folle ? où est le mal d'embrasser son frère ?... écrivons. Aussi, je vous le demande, ce Rodolphe qui, d'ordinaire, est la bonté et la douceur même, aller s'emporter ainsi à l'idée seule de mon mariage... Eh bien ! je le conçois presque... car tantôt, lorsque Antoine a parlé du projet qu'il avait eu de marier Louise et mon frère... j'ai senti un mouvement de dépit et de colère... peu s'en est fallu que je ne lui cherchasse querelle... Je voudrais bien savoir si toutes les sœurs sont comme cela pour leurs frères ; il faudra que je le demande... (Se levant et fermant la lettre.) Ah ! c'est Louise.

SCÈNE IX.

THÉRÈSE, LOUISE, un mouchoir à la main, en costume de mariée.

LOUISE, pleurant.
Ah ! mon Dieu, mon Dieu ! qui est-ce qui se serait attendu à cela ?...

THÉRÈSE.
Qu'as-tu donc, ma chère Louise ?

RODOLPHE.

LOUISE.
Pardine ! mamselle, vous le savez bien, puisque vous étiez témoin... est-ce que mon frère ne vient pas de rentrer dans un état à fendre le cœur... il jure, il pleure, il s'emporte, tout cela à la fois... Ah ! mon Dieu ! que les hommes ont un vilain caractère !... se fâcher comme cela, et au moment d'une noce, encore !... comme s'ils n'auraient pas pu attendre après mon mariage... mais les frères n'ont aucun égard.

THÉRÈSE.
Calme-toi, tout cela s'arrangera...

LOUISE.
Du tout... car Julien aussi se désole... si vous saviez, comme à son tour Antoine l'a traité... ce pauvre garçon a eu le contre-coup, lui... Et le plus terrible, c'est que mon frère ne veut plus entendre parler de mariage... c'est qu'il veut que je rende tout de suite... tout de suite, la belle chaîne d'or que M. Rodolphe m'a donnée... je vous demande pourquoi ; car, enfin, je ne suis pas brouillée avec votre frère.

THÉRÈSE.
Sois tranquille... Rodolphe est déjà revenu à la raison, et j'espère que bientôt Antoine lui-même...

LOUISE.
Ah ! tâchez, je vous en prie... et le plus tôt possible, car la cérémonie est pour deux heures... mais, enfin, dites-moi donc comment ça est venu ?

THÉRÈSE.
Je ne sais... j'étais là à causer avec Antoine... et je crois qu'il me baisait la main lorsque Rodolphe est entré.

LOUISE.
Et c'est pour cela qu'il s'est fâché ?... Ah bien ! mon frère est bien meilleur enfant... on m'embrasserait bien tant qu'on voudrait, que ça lui serait égal.

THÉRÈSE.
Quoi ? ça ne lui cause aucune émotion ?

LOUISE.
Du moins, je ne m'en suis pas aperçue... Mais Julien... c'est différent... il est comme un lion... mais cette colère-là n'empêche pas de l'aimer... au contraire, seulement ça dégoûterait presque d'être coquette... parce que, voyez-vous, dès qu'il est malheureux, je le suis aussi.

THÉRÈSE.
Bonne Louise... et tu partages de même tous les chagrins de ton frère ?

LOUISE.
Oh ! je l'aime beaucoup... c'est vrai ; mais ce n'est pas tout à fait de même...

THÉRÈSE.
Comment !... est-ce que ce sentiment-là n'est pas le plus doux... le premier des devoirs ?... est-ce que ton frère n'est pas l'objet constant de toutes tes pensées ?

LOUISE.

Dame !... j'y pense... quand ça vient... quand il est là... mais pour Julien... c'est autre chose... je ne sais pas comment ça se fait... mais le jour... la nuit... son image est toujours devant mes yeux...

THÉRÈSE, un peu émue.

Comment !... lorsque ton frère te quitte, lorsqu'il s'éloigne de toi pour quelques instans... cela ne te fait pas de chagrin ?

LOUISE.

Ma foi non... parce que je me dis : « Il reviendra... » Mais, par exemple, quand Julien fait seulement un petit voyage, il me semble que je ne dois plus le revoir... que tout est fini pour moi .. que je suis seule au monde ! Pour abréger le temps, je me désespère... je compte les heures, les minutes... et dès que je l'aperçois... oh ! j'éprouve une joie... un bonheur qui fait tout oublier.

THÉRÈSE, à part, avec émotion et frayeur.

Ah ! mon Dieu !... (Haut.) Et dis-moi, Louise... quand ton frère te prend la main, quand il t'embrasse...

LOUISE.

Je ne m'en aperçois seulement pas... mais Julien... (à voix basse.) c'est bien différent... Je ne peux pas dire... j'éprouve d'abord comme une émotion, et puis comme un battement de cœur qui me coupe la respiration.

THÉRÈSE.

Il se pourrait !...

LOUISE.

Mais ça n'est pas étonnant, et je vous en dirai bien la cause, si vous voulez... c'est que j'aime l'un comme mon frère, et l'autre comme mon amoureux. (A Thérèse qui chancelle et qui s'appuie contre le fauteuil.) Eh bien ! eh bien ! mademoiselle Thérèse, qu'avez-vous donc ?

THÉRÈSE, se cachant la figure.

Ah ! malheureuse !

LOUISE.

Est-ce que je vous ai fâchée ? est-ce que je vous ai fait de la peine ?

THÉRÈSE.

Non... non, je te remercie... Louise, va trouver ton frère... remets-lui cette lettre... je veux lui parler... crois-tu qu'il vienne ?

LOUISE.

Ah ! oui, mademoiselle... car tout à l'heure, chez nous, tout en disant qu'il ne reviendrait jamais ici... à chaque instant il prenait son chapeau comme pour sortir... et tenez... tenez... le voici.

THÉRÈSE.

C'est bon... c'est bon... laisse-nous.

LOUISE.

Vous arrangerez cela, n'est-ce pas ? et quant à la chaîne d'or, s'il vous en parle, dites-lui que je l'ai rapportée, et qu'on n'en a pas voulu.

SCÈNE X.

LES MÊMES, ANTOINE, qui est entré d'un air rêveur, lève les yeux et aperçoit sa sœur.

ANTOINE, à Louise.

Que fais-tu ici ?

LOUISE.

Rien... mon frère ; je m'en vais. (A part.) Je m'en vais consoler Julien. (Elle sort.)

SCÈNE XI.

ANTOINE, THÉRÈSE.

(Antoine a un air embarrassé, et regarde de tous côtés.)

THÉRÈSE, regardant du côté de la chambre de Rodolphe.

Oui... il n'y a pas à hésiter... je n'ai qu'un seul moyen. (Allant au devant d'Antoine qui est dans le fond.) Vous voici, mon cher Antoine.

ANTOINE.

Oui... j'étais sorti pour prendre l'air, et en revenant... en voyant cette maison où je venais chaque jour, je me suis trompé de porte... je croyais rentrer chez moi.

THÉRÈSE.

Vous avez eu raison.

ANTOINE.

Au fait... j'ai juré de ne plus voir Rodolphe... mais vous Thérèse... c'est bien différent !

THÉRÈSE.

Je vous remercie. (Montrant la lettre qui est sur la table.) Car je vous avais écrit pour vous supplier de revenir... de vous raccommoder avec... mon frère.

ANTOINE.

Moi... après la manière dont il m'a traité !

THÉRÈSE.

Il reconnaît ses torts, il brûle de vous en demander pardon, mais il n'ose pas vous voir et vous embrasser.

ANTOINE.

Vraiment !... Rodolphe !... mon ami... où est-il ?... Venez, conduisez-moi vers lui...

THÉRÈSE.

Un instant... Pour mieux sceller votre réconciliation... pour que, désormais, vous soyez toujours unis, j'ai une demande à vous faire.

ANTOINE.

Vous, morbleu !... parlez... tout ce que je possède est à vous deux.

THÉRÈSE.
Vous m'avez dit, ce matin, que vous m'aimiez... que vous vouliez m'épouser...
ANTOINE.
Ah ! c'eût été le bonheur de ma vie.
THÉRÈSE.
Eh bien ! si vous m'aimez encore... si ma main peut avoir pour vous quelque prix... je vous la donne... elle est à vous.
ANTOINE, d'un air incrédule.
Comment ? il se pourrait !... Je vous en prie... Thérèse, ne m'abusez pas... il y aurait de quoi en mourir.
THÉRÈSE.
Je suis prête à vous épouser... cette semaine... demain... aujourd'hui,... si cela se peut.
ANTOINE.
O ciel !... un bonheur si grand... si inattendu... c'est tout au plus si j'ai la force d'y résister.
THÉRÈSE.
Antoine... mon bon Antoine, mon ami, calmez-vous, et écoutez-moi... J'y mets une condition : c'est qu'à l'instant... à l'instant même, vous irez demander le consentement de mon frère.
ANTOINE.
J'y vais.
THÉRÈSE.
Et s'il hésitait...
ANTOINE.
Il n'hésitera pas.
THÉRÈSE.
Enfin, vous lui direz que c'est moi... moi, qui le veux... entendez-vous, Antoine ?
ANTOINE.
Parbleu ; si j'entends... Tenez, le voici... c'est lui... Restez, et vous allez voir...
THÉRÈSE.
Non... je vous en supplie... (En s'en allant.) Ah ! devant lui, je n'en aurais pas le courage.
(Elle rentre dans la chambre à gauche.)

SCÈNE XII.

ANTOINE, RODOLPHE.

(Rodolphe entre d'un air rêveur... il lève les yeux ; il aperçoit Antoine. Tous deux se regardent un instant, et, sans parler, se jettent dans les bras l'un de l'autre.)

RODOLPHE.
Mon frère,..
ANTOINE.
Mon ami !
RODOLPHE.
Mon ami !... Antoine, tu me pardonnes ?...
ANTOINE.
Oui, oui... tout est oublié... à une condition... c'est que nous ne parlerons jamais de ce qui s'est passé.
RODOLPHE.
Oui... oui... tu as raison ; mais j'ai besoin de te dire combien je t'aime... combien je serai heureux de pouvoir m'acquitter envers toi.
ANTOINE.
Eh bien ! Rodolphe, sois content, je viens t'en offrir l'occasion.
RODOLPHE.
Parle.
ANTOINE.
Nous nous aimons comme deux amis, et, si tu veux, nous pouvons nous aimer comme deux frères.
RODOLPHE.
Que veux-tu dire ?
ANTOINE.
J'aime ta sœur... donne-la-moi pour femme.
RODOLPHE, vivement.
Comment ?... Thérèse !...
ANTOINE.
Eh bien ! ne vas-tu pas recommencer ?... Que diable a-t-il donc aujourd'hui ?
RODOLPHE, se reprenant.
Non, mon ami, pardonne... Certainement, moi, je ne demande pas mieux... tu sens bien que je serais trop heureux... mais je crois connaître les sentiments de ma sœur... et, quelque amitié que j'aie pour toi, je ne peux la contraindre.
ANTOINE.
Quoi ! c'est pour cette raison que tu hésites ?
RODOLPHE.
Oui, mon ami ; sans cela...
ANTOINE, lui sautant au cou.
Ah ! quel bonheur ! partage ma joie, c'est Thérèse... Thérèse elle-même qui m'envoie vers toi.
RODOLPHE.
Que dis-tu ?
ANTOINE.
Ce matin, il est vrai, elle m'avait refusé, mais elle a changé d'idée... elle me donne son consentement ; elle m'a chargé d'avoir le tien... Eh bien ! qu'est-ce qu'il te prend, Rodolphe ?... Mon ami, qu'as-tu donc ?
RODOLPHE.
Rien... la surprise... l'émotion...
ANTOINE.
C'est comme moi... tout à l'heure, ça m'a produit cet effet-là... J'étais bien sûr que tu en serais enchanté... Mon bon Rodolphe... mon ami... nous voilà donc frères !...
RODOLPHE, affectant un air tranquille.
Elle t'aime donc... tu en es sûr ?...
ANTOINE, avec bonhomie.
Dame ! elle me l'a dit.

RODOLPHE, avec effort.
C'est bien... Thérèse est à toi...
ANTOINE.
Quel bonheur !
RODOLPHE.
Sa dot est prête depuis long-temps.
ANTOINE.
Sa dot !... Est-ce que j'en ai besoin !... est-ce que ce n'est pas moi, maintenant, qui suis le plus riche ?.. Adieu, mon ami, je cours tout disposer... prévenir ma sœur, et Julien... Ces pauvres enfans, je les ai fait pleurer, et j'en suis désolé... Il est si cruel, quand on est heureux, de faire de la peine à quelqu'un... (Lui prenant la main.) N'est-ce pas, mon ami ?... Adieu, dans l'instant je reviens, en jeune homme... en marié... le bouquet au côté, et le contrat à la main... Nous les signerons tous deux en même temps. (Il sort.)

SCÈNE XIII.

RODOLPHE, seul.

Je ne puis en revenir !... quelle perfidie.. quelle fausseté... Thérèse qui tout à l'heure encore me promettait de ne pas me quitter ! Mais de quoi ai-je à me plaindre ?... En épousant Antoine, elle ne croit pas manquer à sa parole... c'est lui qui est son amant, et moi... moi, je ne suis que son frère... Ah ! qu'elle sache du moins... Et pourquoi... pour nous rendre encore plus étrangers l'un à l'autre... pour briser jusqu'au dernier lien qui l'attachait à moi ?... non , maintenant, moins que jamais... elle l'ignorera toujours... Oui , Thérèse, j'ai promis à ta mère expirante de m'occuper de ton bonheur; je l'ai fait, même aux dépens du mien... Et vous qui me l'avez confiée... reprenez-la maintenant, mes sermens sont remplis !... C'est elle ! allons, du courage.

SCÈNE XIV.

RODODOLPHE, THÉRÈSE.

THÉRÈSE, tremblante.
Mon frère... Antoine est parti ?...
RODOLPHE.
Oui, il me quitte à l'instant...
THÉRÈSE, de même.
Vous a-t-il parlé ?...
RODOLPHE.
Il m'a tout dit ; j'ai donné mon consentement... ce soir vous serez sa femme.

THÉRÈSE, à part, et levant les yeux au ciel.
Allons, tout est fini.
RODOLPHE.
Un seul mot, Thérèse... pourquoi tantôt ne m'avez-vous pas dit la vérité ?... Vous m'avez déclaré ce matin que vous ne vouliez pas vous marier.
THÉRÈSE.
C'est vrai... mais je le veux maintenant...
RODOLPHE.
Qui a pu vous faire changer d'idée ?
THÉRÈSE.
Je ne puis le dire... et je vous prie de ne jamais me le demander, c'est le seul secret que j'aurai jamais pour vous...
RODOLPHE.
Thérèse, tu ne m'aimes donc plus ?...
THÉRÈSE, avec tendresse.
Moi, je ne t'aime plus !... (S'arrêtant et faisant un effort sur elle-même.) Enfin, je veux me marier, et je ne veux pas d'autre époux qu'Antoine...
RODOLPHE.
Tu as raison... c'est un honnête homme... et il te rendra heureuse ! (Allant au secrétaire et en tirant des papiers.) Tiens.... voilà notre fortune... c'est pour toi que je l'ai acquise... ce n'était pas là l'usage que je comptais en faire ! Mais , n'importe, prends... c'est ta dot...
THÉRÈSE.
C'est bien... c'est bien...
RODOLPHE.
Sois heureuse... pense à ton frère... Adieu...
THÉRÈSE.
Où vas-tu ?
RODOLPHE.
M'embarquer... sur le premier vaisseau qui mettra à la voile...
THÉRÈSE.
Quoi ! tu abandonnes ces lieux ?... Je partirai avec toi, je ne te quitte pas...
RODOLPHE.
Et Antoine...
THÉRÈSE.
Peu m'importe...
RODOLPHE.
Lui, ton prétendu...
THÉRÈSE.
Mon devoir est de suivre tes pas.
RODOLPHE.
Toi... me suivre ! un mot seul va t'en empêcher. Oui ! Thérèse , apprends donc la vérité , jusqu'à présent, tu n'as vu en moi qu'un ami... un frère...
THÉRÈSE.
N'achève pas... fuis, éloigne-toi...
RODOLPHE, à part.
Grand Dieu ! quel espoir ! (Haut.) Oui , tu as raison, il faudrait te fuir... si tu m'aimais comme je t'aime, si mon amour était partagé.

THÉRÈSE, hors d'elle-même.
Va-t'en... va-t'en...
RODOLPHE.
Dieu! que viens-je d'entendre!... (A Thérèse qui se cache la figure.) Thérèse, calme ton effroi... s'il est vrai que tu m'aimes, tu le peux sans crime, sans remords... je ne suis pas ton frère.
THÉRÈSE.
Que dis-tu...? il se pourrait?
RODOLPHE.
J'en atteste ta mère qui t'a donnée à moi, qui nous entend peut-être, et qui sait que je ne suis pas indigne de tant de bonheur.

SCÈNE XV.

LES MÊMES, LOUISE.

LOUISE, en dehors.
Thérèse!... Thérèse!... (Elle entre.) Eh bien! qu'est-ce que vous faites donc là?... Venez-vous? Vous n'êtes pas encore prêts... tout le monde est déjà réuni chez le notaire... Si vous saviez, Thérèse, combien nous sommes tous enchantés, moi d'abord de vous avoir pour sœur, et puis Antoine, votre prétendu... il est d'une joie, d'une ivresse!...
RODOLPHE, à part.
Dieu! que lui dire!
THÉRÈSE, à part.
Et comment lui apprendre!...
LOUISE.
Ce pauvre Antoine... je ne le reconnais plus..., il ne peut pas rester en place... et voilà pourquoi nous sommes venus tous deux vous chercher...
THÉRÈSE.
Et où est-il donc?
LOUISE.
Il m'a dit d'entrer toujours, parce qu'il a rencontré, à votre porte, un jeune officier, M. Muller, qui l'a arrêté, et qui s'est mis à lui parler tout bas.
RODOLPHE, à lui-même.
Muller à qui j'ai écrit ce matin...
LOUISE.
Eh bien! qu'avez-vous donc tous deux?... quel air triste pour une mariée!... Ah bien! mon frère n'est pas comme cela, lui... et tenez, le voici. (Apercevant Antoine qui entre pâle et défait.) Ah! mon Dieu! est-ce que cela gagne tout le monde?

SCÈNE XVI.

LES MÊMES, ANTOINE.

ANTOINE, prenant la main de Rodolphe.
Rodolphe, je t'en veux beaucoup, tu m'as trompé... tu as eu des secrets pour moi.
RODOLPHE.
Antoine!
ANTOINE.
Je sais tout... Muller vient de me montrer la lettre que tu lui as écrite ce matin. J'aurais pu pardonner (à Rodolphe) à toi, ta colère ; (à Thérèse) à vous mes espérances déçues ; mais m'avoir exposé à vous rendre malheureux, voilà ce que je ne vous pardonnerai jamais!
THÉRÈSE.
Vous avez raison, vous aviez ma parole, et maintenant encore, si vous l'exigez...
ANTOINE, avec joie.
Bien vrai! elle serait à moi... je suis donc plus heureux que tu n'étais... (les unissant) car je peux la donner à mon ami...
THÉRÈSE, à Rodolphe.
Grand Dieu!
LOUISE.
Eh bien! qu'est-ce que cela signifie?... car moi, je pleure sans savoir...
ANTOINE.
On te l'expliquera ; mais sois tranquille, cela ne dérange pas ton mariage... Venez, mes amis, venez, on vous attend ; il vous faut un témoin, vous voulez bien de moi, n'est-ce pas?
RODOLPHE.
Antoine, c'en est trop... tu souffres.
ANTOINE.
Moi, souffrir!... quand ma sœur, quand mes amis sont heureux ; non, non, j'aurai pour me consoler ton amitié... (tendant la main à Thérèse) la sienne... et surtout l'aspect de votre bonheur. (Détachant le bouquet qui est à sa boutonnière.) Tiens, frère, voilà mon bouquet! viens signer le contrat.

FIN DE RODOLPHE.

Paris. — Imprimerie de BOULÉ et Cᵉ, rue Coq-Héron, 3.

FRANCE DRAMATIQUE. — PIÈCES EN VENTE.

La Seconde Année. — L'École des Vieillards. — L'Ours et le Pacha. — Le Camarade de lit. — Le Mari et l'Amant. — Les Malheurs d'un Amant. — Henri III et sa Cour. — Un Duel sous Richelieu. — Calas, de Ducange. — Michel et Christine. — Le Mariage de raison. — L'Homme au masque de fer. — La Jeune Femme colère. — L'Incendiaire. — La Vieille. — Le Jeune Mari. — La Demoiselle à marier. — Les Vêpres Siciliennes. — Budget d'un jeune Ménage. — L'Auberge des Adrets. — Philippe. — La Dame blanche. — Toujours. — Dix ans de la vie d'une Femme. — Le Lorgnon. — Bertrand et Raton. — Une Faute. — Le ci-devant jeune Homme. — Marie Mignot. — Pourquoi ? — Richard d'Arlington. — La Chanoinesse. — Les Comédiens. — L'Héritière. — Léontine. — Le Gardien. — Dominique. — Le Philtre Champenois. — Vert-Vert. — Bruels et Palaprat. — Le Mariage extravagant. — Le Paysan perverti. — Pinto, en cinq actes. — La Carte à payer. — Le Mari de ma Femme. — Les vieux Péchés. — Luxe et Indigence. — Zoé. — Louis XI. — Ninon chez Mme de Sévigné. — Robin des Bois. — Marius à Minturne. — Marie Stuart. — Les Rivaux d'eux-mêmes. — La Famille Glinet. — Les Héritiers. — Jeanne d'Arc. — Les Maris sans femmes. — L'Assemblée de famille. — Mémoires d'un Colonel. — Le Paria. — Les deux Maris. — Le Médisant. — La Passion secrète. — Rabelais. — Les deux Gendres. — Trente ans. — Le Pré-aux-Clercs. — La Poupée. — La Tour de Nesle. — Changement d'uniforme. — Une Présentation. — Madame Gibou et Mme Pochet. — Est-ce un Rêve ? — Fra Diavolo. — Robert-le-Diable. — Le Duel et le Déjeuner. — Zampa. — Avant, Pendant et Après. — Les Projets de Mariage. — Un premier Amour. — Napoléon, ou Schœnbrunn et Sainte-Hélène. — La Courte-Paille. — Le Hussard de Felsheim. — 1760, ou les trois Chapeaux. — Rigoletti. — Frédégonde et Brunehaut. — Gustave III. — Elle est Folle. — L'Abbé de l'Épée. — Un fils. — Les Infortunes de M. Jovial. — M. Jovial. — Victorine. — Catherine, ou la Croix d'Or. — La Belle-Mère et le Gendre. — Heur et Malheur. — Il y a seize ans. — L'Héroïne de Montpellier. — C'est encore du Bonheur. — La Mère au bal et la Fille à la maison. — Jean. — Les Étourdis. — Valérie. — Faublas. — Picaros et Diego. — Démence de Charles VI. — Une Heure de Mariage. — Madame Dubarry. — Le Chiffonnier. — Le marquis de Brunoy. — Le Voyage à Dieppe. — Les Anglaises pour rire. — La Fille d'honneur. — Un moment d'imprudence. — Le Dîner de Modelon. — Les deux Ménages. — Le Bénéficiaire. — Les Malheurs d'un joli Garçon. — Robert, chef de brigands. — Michel Perrin. — Une Journée à Versailles. — Le Barbier de Séville. — Les Cuisinières. — Le Nouveau Pourceaugnac. — Marie. — Le Secrétaire et le Cuisinier. — Clotilde. — Bourguemestre de Saardam. — Le Roman. — Le Coin de Rue. — Le Célibataire et l'Homme marié. — La Maison en loterie. — Les deux Anglais. — Le Mariage impossible. — La Ferme de Bondi. — Werther. — La Prison d'Édimbourg. — La première Affaire. — La Famille de l'Apothicaire. — Don Juan d'Autriche. — L'Enfant trouvé. — Le Poltron. — Le Facteur. — Misanthropie et Repentir. — Le Châlet. — Perrinet Leclerc. — Moiroud et Compagnie. — Agamemnon. — Chacun de son côté. — Le Vagabond. — Thérèse. — Sans Tambour ni Trompette. — Marino Faliero. — Fanchon la Vielleuse. — Prosper et Vincent. — Glenarvon. — Le Conteur. — Le Caleb de Walter Scott. — La Dame de Laval. — Carlin à Rome. — Les deux Philibert. — Les Couturières. — Le Couvent de Tonnington. — Le Landau. — Une Famille au temps de Luther. — Les Poletais. — Honorine. — Angéline. — La Princesse Aurélie. — Les petites Danaïdes. — Spech Arnould. — Un Mari charmant. — Les deux Frères. — Madame Lavalette. — Le Pif voleuse. — La Famille improvisée. — Les Frères à l'épreuve. — Le Marquis de Carabas. — La belle Écaillère. — Les deux Jaloux. — La Laitière de Montfermeil. — Les Bonnes d'Enfans. — Farruck le Maure. — Monsieur Sans-Gêne. — Monsieur Chapolard. — La Camargo. — Préville et Taconnet. — Le Bourru bienfaisant. — La Fille de Dominique. — Le Philosophe sans le savoir. — Rossignol. — Deux vieux Garçons. — La jeunesse de Richelieu. — Le Père de la Débutante. — L'Avoué et le Normand. — La Juive. — Un Page du Régent. — Les Indépendans. — Les Huguenots. — Le Maluolé dans le quartier. — L'Idiot, drame en quatre actes. — Suzette. — Guillaume Colmann. — Les deux Edmond. — Le Serment de Collège. — La Vie de Garçon. — La Camaraderie. — Le Commis-voyageur. — La Liste de mes Maîtresses. — Aix, ou les deux Mères. — Harnali, Parodie. — 99 Moutons et un Champenois. — Un Ange au sixième étage. — Frascati, vaudeville en trois actes. — La Cocarde tricolore. — La Muette de Portici. — La Foire Saint-Laurent. — Clermont. — Le Pioupiou, vaudeville en trois actes. — Le Perruquier de la Régence. — Le Chevalier du Temple. — Le Mariage d'argent. — Le Camp des Croisés. — Mademoiselle d'Aloigny. — Une Vision, ou le Sculpteur. — Le Bourgeois de Gand. — Le pauvre Idiot, drame en cinq actes. — Louise de Lignerolles. — L'Homme de soixante ans. — Marguerite. — La Belle-Sœur. — Céline la Créole. — Mademoiselle Bernard. — Le Précepteur à vingt ans. — Madame Grégoire. — La Cachucha. — Samuel le marchand. — Guillaume Tell, opéra en quatre actes. — Henri Hamelin, drame en trois actes. — Un Testament de Dragon. — Le Ménestrel, comédie en cinq actes. — Les Bayadères de Pithiviers. — Peau d'âne, en cinq actes. — L'Ouverture de la Chasse. — La Vie de Château. — Thérèse, opéra-comique. — L'Obstacle imprévu. — Richard Savage, drame en cinq actes. — Le Grand-Papa Guérin. — Le Général et le Jésuite. — La Boulangère et des écus. — St. Sébastien de Portugal. — C'est monsieur qui paie. — Mademoiselle Clairon. — Ruy-Blas, parodie de Ruy-Blas. — Une Position délicate. — Randal, drame en cinq actes. — L'Enfant de Giberne. — Sept Heures. — Un Bal de Grisettes. — Cardinot, roi du Rouen. — Françoise et Francesca. — La Manille. — Les trois Gobe-Mouches. — Le Postillon franc-comtois. — Mademoiselle Nichon. — Dagobert. — Les Maris vengés. — Une Saint-Hubert. — La Fille d'un Voleur. — Les Sermens. — Le Planteur. — Jaspin, comédie-vaudeville. — Le Père Pascal. — Nanon, Ninon, Maintenon. — Phœbus. — Les Camarades du Ministre. — Vingt-six ans. — La Canaille. — L'Éclair. — L'Intérieur des Comités révolutionnaires. — La Laitière de la Forêt. — Bobêche et Galimafré. — La Femme jalouse. — Le Panier fleuri. — Le Protégé. — Le Diamant. — Les Treize. — Le Naufrage de la Méduse. — L'Eau merveilleuse. — Geneviève la Blonde. — Industriels et industrieux. — Le Pied de mouton. — Le Mariage de minuit. — La Reine de seize ans. — Kettly, ou le Retour. — La Famille Riquebourg. — Lisbeth, ou la Fille du Laboureur. — La Lune de miel. — La République, l'Empire et les Cent jours. — Les deux Forçats. — Le Quaker et la Danseuse. — Les Enfans d'Édouard. — Yelva. — La Marraine. — La Mansarde. — La Fille du Cid. — Le Soldat laboureur. — Les Cabinets particuliers. — Les deux Systèmes. — La Reine d'un jour. — Régine, ou deux Nuits. — L'Humoriste. — Hochet d'une Coquette. — La Fausse Clé. — Le Secret du Soldat. — La Neige. — Le Jésuite. — Les six Degrés du Crime. — Les deux Sergens. — Le Diplomate. — Latréaumont. — Le Code et l'Amour. — La Reine du Crime. — Judith. — Madame Duchâtelet. — Le Verre d'eau. — Masaniello. — La Rose de Péronne. — Deux Sœurs. — La Grâce de Dieu. — La Dette à la Bambochée. — Une Nuit au Sérail. — L'Embarras du Choix. — La Popularité. — Caravage. — Un Monsieur et une Dame. — Les Pénitens blancs. — Christine. — Permission de dix heures. — Béatrix, drame. — Voyage de Robert Macaire. — Comité de Bienfaisance. — Floridor le choriste. — La Mère et la Fille. — La Fille du Tapissier. — Le Veau d'Or. — Mari de sa Cuisinière. — Le Débutant. — Le Quinze avant Midi. — Deux Dames au Violon. — Le Beau-Père. — La Maîtresse de l'oste. — L'Homme gris. — Le Bureau de Placement. — Les Oiseaux de Borace. — Le Festin de Pierre. — Le Bon Ange. — Les Économies de Cabochard et Sous-Clé. — Frère et Mari. — Le bon Moyen. — Un Mari du bon temps. — La Prétendante. — Le Secret du Ménage. — La Citerne d'Albi. — Le Cousin du Ministre. — Gabrina. — Le Caporal et la Payse. — Les Pontons. — Les Pupilles de la Garde. — Chevilles de Maître Adam. — Mlle de Mérange. — Pétersonti. — La Vie d'un Comédien. — La Chaîne électrique. — Marie. — Nicolas Nickleby. — L'une pour l'autre. — Les Philantropes. — L'Oncle Baptiste. — L'Avocat de sa cause. — Les Jumeaux béarnais. — L'Hôtel garni. — Le Voyage à Pontoise. — Le Jeu de l'amour et du hasard. — Le Parleur éternel. — Le Turc. — Mon coquin de Neveu. — Une Jeunesse orageuse. — Édouard et Clémentine. — Un Veuvage. — L'Ingénue de Paris. — Une jolie Femme. — L'Anneau de la Marquise. — Le Petit Chaperon rouge. — Le dernier Marquis. — Les deux Voleurs. — Les Noceurs. — La Branche de Chêne. — Mathilde. — Brigitte. — C'était moi. — L'Héritage du mal. — Pâquerette. — Les Moyens dangereux. — Manon. — La Marquise de Carabas. — La Journée d'une jolie Femme. — L'Anneau de la Marquise. — Gaétan di Manenone. — Une Chaîne. — Les Diamans de la Couronne. — Le Diable à l'école. — Le duc d'Olonne. — Le Code noir. — Oscar ou le Mari. — Kiosque. — Carmagnola. — La Main de fer. — Le Fils de Cromwell. — Mathilde burlesque. — Le capitaine Charlotte. — Trafalgar. — Magasin de Graine de lin. — Pâquerette. — Marquise de Rantzau. — Le Part du Diable. — La Chasse aux Maris. — Un Mari s'il vous plaît. — Rue de la Lune. — Les Jarretières de ma femme. — Quand on n'a rien à faire. — Le Roi de Cocagne. — La Nuit aux soufflets. — Duchesse et Poissarde. — Tabarin. — Bertrand l'Horloger. — Les Hures-Graves. — Georges et Thérèse. — Un Pêché de grand'mère. — Les Contrastes. — Le Puits d'Amour. — Judith. — Les deux Favorites. — Les Prétendans. — Guerre des Servantes. — Guido et Ginevra. — Le Lac des Fées. — Brutus. — Eulalie Pontois. — Mlle Rose. — La Jeunesse de Luther. — La Perle de Morlaix. — Mme Barbe-Bleue. — La Folle de la Cité. — Lambert Simnel. — Le Roman d'une heure. — L'Ogresse. — Les Dix. — Don Pasquale. — Tôt ou tard. — Jean Lenoir. — Les Naufragés. — Jacquot. — Dom Sébastien. — Mina. — Les Moyens dangereux. — Manon. — La Marquise de Carabas. — Daniel le Tombeur. — Une Invasion de Grisettes. — La Taurice. — André Chénier. — Cagliostro. — La Bohémienne de Paris. — La Sirène. — Les Mystères de Paris. — Les Mystères de Passy. — Les Amans de Murcie. — Lucile. — La Comtesse d'Altenberg. — La Polka. — La Sirène. — La Sirène. — Le Carlin de la Marquise. — Une Veuve de la grande armée. — Jeanne. — Catherine II. — Tout pour de l'or.

www.ingramcontent.com/pod-product-compliance
Lightning Source LLC
Chambersburg PA
CBHW061615040426
42450CB00010B/2495